生き甲斐

I KI GA I

在當下，發現美與不美

& OTHER JAPANESE WORDS TO LIVE BY

MARI FUJIMOTO 瑪麗・藤本——文　　MICHAEL KENNA 邁克・肯納——攝　尤可欣——譯

開場詩　8

引　言　發現美、真理與感激　10

第一部　和諧

關於和諧　18

和・Wa・和諧的基本樣貌　20

平和・Heiwa・人與人之間的和諧　21

和敬清寂・Wakei-seijyaku・創造寧靜時刻　22

円相・Ensō・禪意之圓　25

生け花・Ikebana・心的花藝　26

不均斉・Fukinsei・不平衡之美　27

第二部　美

關於美　30

侘寂・Wabi sabi・不完美之美　33

美しい・Utsukushii・綺麗啟發的深刻感受　34

幽玄・Yūgen・珍視隱晦的奧祕　35

渋い・Shibui・歲月洗練的美　37

簡素・Kanso・簡樸的價值　38

第三部　自然

關於自然　*42*

自然・Shizen・　大自然的力量　*44*

森林浴・Shinrinyoku・　沉浸於森林氛圍中　*47*

禊・Misogi・　心靈的沐浴　*48*

物の哀れ・Mono-no aware・　自然無常之美　*51*

花見・Hanami・　觀賞盛開的櫻花　*52*

第四部　覺知

關於覺知　*56*

生き甲斐・Ikigai・　生存的核心價值　*59*

改善・Kaizen・　持續的演進　*60*

精神修養・Seishin-shūyō・　自我開發與修正　*62*

道・Dō・　內在提升的道路　*63*

形・Katachi・　形式的感受性　*64*

匠・Takumi・　工藝師　*64*

拘り・Kodawari・　嚴謹而講究　*67*

第五部　感恩

關於感恩 70

贈答・Zōtō・禮物 72

素直・Sunao・正直的心念 74

仕様がない・Shōganai・接受無法改變的事 74

言霊・Kotodama・靈性力量的問候語 77

甘え・Amae・適當的依賴 78

内・Uchi・你的自己人 79

潔さ・Isagiyosa・無私無我 80

反省・Hansei・自省而不自責 82

第六部　時間

關於時間 86

一期一会・Ichigo ichie・一生一次的相會 88

初・Hatsu・萬物之始 88

坐禅・Zazen・冥想靜坐 91

無言の行・Mugon-no gyō・靜默的好處 92

遠慮・Enryo・特殊的猶豫狀態 93

我慢・Gaman・耐心與堅毅 94

第七部　尊重

關於尊重　*98*

丁寧・Teinei・ 禮貌性的謹慎　*100*

礼儀作法・Reigi sahō・ 表示尊重的言行舉止　*103*

先生・Sensei・ 尊敬師長　*104*

ご恩・Go-on・ 感恩之情　*105*

勿体無い・Mottainai・ 不浪費　*107*

仏・Hotoke・ 懷念亡者　*108*

專文推薦　生活美學的終生學習者　　　朱平　*110*

　　　　　凝視生命，詞入人心　　　　　章成　*111*

　　　　　發現詩的散文與散文的詩　蔡佩青　*113*

佳評推薦　*116*

作者介紹　*119*

攝影作品清單　*121*

關鍵詞索引　*124*

致謝　*127*

應該是春天吧
那無名山上的
一片
薄霧

——松尾芭蕉

發現美、真理與感激

我是一名受過訓練的語言學家，在紐約市完成所有的高等教育，現在也在紐約教授日語和日本文化，但我出生在東京。

兩歲時，我們全家搬到了關西地區的一個農村，和我父親年邁的父母住在一起，我依然清楚地記得和表兄弟們一起在祖父母家（兩人都超過一百歲）度過了紀念祖先的盂蘭盆節（お盆），我們繞著綠意盎然的稻田奔跑，廣闊的田地一路延伸到地平線盡頭的山嶺，我們手裡拿著捕蟲網，在耀眼的陽光下跳舞。

晚上，我們享用媽媽、阿姨和奶奶準備的豐盛晚餐：全家人圍坐在一張巨大的餐桌旁，桌上擺著又大又紅的切片蕃茄、燒肉燉鍋、我不喜歡吃的洋蔥醃菜，和香噴噴的米飯。所有的食物都是從我們的農地收成而來，生活與周圍的自然環境融為一體。

෴

這種鄉村生活充滿了奇蹟，但日子並不是一直都那麼好過。我記得經歷過許多次颱風摧毀農作物的慘況，還有一場大地震奪走縣裡數以千計的生命。在日本，大自然一直被視為同時具有孕育和破壞之雙重性的存在，而這也讓日本人發展出獨特的生活方式——與大自然和諧相處，這是神道信仰的中心思想，也是日本自古傳承下來的靈性哲思。

神道的信念其實很簡單：地球上的一切——岩石、樹木、河流、動物和人類——都有

靈。為了保持平衡與和諧，人們必須與各種靈和平共處，小心不要打擾或激怒祂們，否則就會產生瘟疫、天災和死亡等嚴重的後果。換句話說，與大自然保持親近，既要尊重也要心懷謙卑恐懼。這種信仰體系發展到後來，成為今日日本人的一種獨特審美觀。

☙

你如何定義「美」呢？是維納斯的誕生？巴黎聖母院？還是那幅戴珍珠耳環女孩的畫像？我們都同意，這些創作都具有美的基本要素，如對稱性、完美構圖、青春和活力。我們往往被那些「正向積極」的特質吸引，而與其相反的，如醜陋、不完美、衰老和死亡，在西方世界總被認為是令人厭惡的。

然而，日本的傳統美學與此逆向而行，建立在大自然不可否認的真理之上：自然界中的一切都是短暫的，沒有什麼能永恆不滅、也沒有什麼是完美的，攤開生命所有的光譜，每一層次都存在著美，從出生到死亡、從不完美到完美、從醜惡到優雅。

現在我住在紐約，才發現這種美的哲學比以往更讓我感動。幾個世紀以來，這些想法一直是日本文化的一部分，我相信它讓我們能夠更真實地看待生命。在演講中，我經常討論從日本文化的觀點看待事物的視野，與西方非常不同，在日本文化中，有很多我珍視的思想，總是想與大家分享，但永遠沒有足夠的時間。

這本書是一個機會，讓我與你分享這些思想，同時也是一個邀請，請你在生活中感受日本的智慧。在本書中，你會發現超過四十個經過精心挑選、介紹日本價值觀的詞語，這些詞語展現了日本思想中面對靈性、美和無常的態度，而透過這些，我們也許可以發現生命的意義、讓自己更滿足，這些詞語引導我們去探索和體驗一種更簡單、更貼近內心的生活態度。

在「美」這個篇章中，你可以慢慢學會安於寂靜的方法、體驗並欣賞生命的簡單。「和諧」和「覺知」這兩篇是關於反思和自我發現，你可以透過精心設計的活動來完成個人成長的道路，這些活動教導了自律的價值。「尊重」這篇描述了尊重和禮貌可以加強人與人之間的連結，也強調對自然世界的崇敬。

儘管本書將這些詞語大致歸類成不同的篇章，但你可以隨自己的選擇從任何章節開始閱讀，因為書裡介紹的概念相互交織著。當你讀完這本書，就好像完成一幅拼圖，到時自然會揭示完整的樣貌。透過這個方式，我希望這本書能成為你走向更真實、更有意義和創造性生活的第一步。

我也希望你享受貫穿全書的古詩（俳句），這些由十七世紀著名詩人松尾芭蕉創作的日本傳統詩歌，彷彿在一個狹小而封閉的空間中喚醒強烈的情緒──在十七個音節中，凝結了一個充滿感情的世界。俳句捕捉了一種寂靜、美麗和無常的感覺，而短短的詩句中囊括了本書最核心的想法。

同樣地，大衛‧布克勒極富表現力的詩文小品，也延展了每個哲學概念中感性的部分。他生動的詩文安插在每個篇章的開頭，為歸類在本篇裡的詞語提供一個輪廓，這些詩文小

品將生硬的語言哲學與鮮活的經驗情感融合在一起。

你可能會注意到，每個詞語旁邊標注了兩種不同的日文字體，因為在日語中，普遍會使用平假名（ひらかな）和漢字的組合，這兩個書寫系統都是從一千多年前的中文衍生出來的。平假名是一個拼音字母系統，類似羅馬拼音，形狀彎曲有弧度，代表了日語的發音；而漢字則由「意象」組成，一個字可以代表一個思想或物件，但並不能反映這個字的發音，漢字是由直線、橫線和對角線組成的方型字體。

我在這裡特別介紹這些基本知識，希望能讓你更了解本書中詞語的組成元素，也更明白它們的含義。

∽

生活在當今這個網路狂熱的世界，我常常感到與現實、人群還有自然脫節，很想念盂蘭盆節與家人共度的時光。我經常發現自己擔心很多事情——家庭、老化、世界上蔓延的暴力……幾乎所有的事情。我相信，這就是讓這本書中許多詞語的意念貼近我們內心會如此重要的原因，有時真的需要停止我們手上正在忙的事，提醒自己回到當下、去體驗周遭正在發生的一切。

如果想要開心做自己、發現美、感受平靜，你必須試著感受周遭環境的靈與神性，並與祂們保持親近。包括我自己，日本人都傾向於相信「緣」，一種連接我們與他人的神祕力量。無論是與人相遇或偶然發現了一些事物，都是值得歡欣和感激的緣分，我們不會只把它當作隨機發生的事件而忽略了，所以，我感謝你發現了這本書，並開啟這份當下一起共享的緣。

古塘 青蛙

躍入

水聲

之中

——松尾芭蕉

第 一 部

和諧

Harmony

一種相處的概念，
一種平靜、相互接受的親密感，
尊重差異、無須完美。

OnHarmony

關於和諧

在黑暗中孕育，在光明中發芽。

就像植物，穿透混凝土而成長，
這種美的本質是由挑戰所培育，因熱情而茁壯。
有了堅定不移的信念，總能找到成長擴張的空間。

光線通過窗紙擴散開來，細微的光芒，

穿透了，卻什麼都看不見。

在鎌倉海邊矗立一尊大佛，回應著基普林（Kipling）那貫穿時代的詩歌：

大片生鏽的青銅和黃金，這麼龐大又這麼稀有，
難道你就是鎌倉所蘊含的所有？

這座佛像已成為當地景觀的一部分，經年風吹日曬，汙損和鏽斑滿佈，只剩一絲淡薄的金色在佛陀耳朵上微微發光。

在這瞬息萬變的世間，儘管歲月不斷演替和變化，這座信仰的象徵仍然維持著恆定，即使黃金的光澤已經褪去，仍然擁有一份精緻之美，無視於季節和百年歲月的衝擊。

現在試著想像一下：夜空在眼前展開。

　　空氣清朗，沒有一片雲，天特別黑暗。

　　　　星宿
　　　　　　盤旋閃爍著
　　　　　　　　一閃一閃、耀眼的光芒
　　　　　　　　　　吸引人的目光

　　　　　　　　　　　　　這麼多的星星
　　　　　　　　　　　　　　　綴滿了
　　　　　　　　　　　　　　　　　無雲的夜空

現在，如果你願意的話，
請想像一顆星，突出於眾星之前，霓虹般的光彩使它顯得特別醒目。

它幾乎佔據了整個宇宙舞台的中心，
然而，如果不是億萬個星星圍繞著，它也無法顯得如此生動。

　　　夜晚降臨，居酒屋裡擠滿了上班族，包廂裡傳來歡騰的呼喊：「乾杯！」
　　　這一聲歡呼包含了一切，成功被祝福，而失敗得以宣泄。

　　　在這個空間中，一整天的壓力都得到紓解和消除。

和　Wa

和諧的基本樣貌

「和」這個字展現的是一種和諧的基本樣貌，同時也呈現從和諧中產生的平靜。

我們知道，與大自然帶來的一切和平共處是必要的，包括稻米的收成、面對地震和海嘯等周期性的自然災害、甚至面對歷史上各種爭戰。然而，要達到這種和諧唯一的方法，並不是把自己的利益放在首位去抵抗，而是彼此合作，在群體中找到自己可以貢獻的事，並互相協助以獲得更好的利益。

當我們處於困境時，記得，我們並不是孤獨的，在「和」之中總是可以找到答案。

Heiwa 平和

人與人之間的和諧

「和」所形容的平靜，感覺是包涵整個地球萬物、甚至宇宙層面的，而「平和」的範圍較小，適用於人際關係或個人自身的範疇，通常是指人與人在衝突後達到的和解狀態：將爭議的各方導向和解的結局，並讓彼此和諧同調以產生一種平靜感。

雖然只是跨出一小步，但我們可以在各種不同的情況下，以各種形式實現「平和」的境界。

和敬清寂

創造寧靜時刻

Wakei-seijyaku

「和敬清寂」這個詞，彙集了四個字的意義：和諧的「和」、尊敬的「敬」、清澄的「清」與幽寂的「寂」，展現一種平靜和感激的禪意。

這意思是指，我們願意花時間用心創造一個讓內心平靜的時刻——活出「和敬清寂」的境界，讓自己去吟味深思、覺察並體現寧靜，例如傳統茶道就是讓人體會這種平靜和全然心止的最好例子。

這個詞所包含的四個元素轉化成一種教導：純淨和安寧的心靈，可孕育對人和大自然的尊重和感激，讓我們能更進一步體會和諧的意義。

Ensō 円相

禪意之圓

「円相」是以水墨一筆畫出的圓，雖然只是一幅樸素的畫，卻可以演繹出多重、甚至無限的意義。

這個圓可開可合、可以是完成的也可以不完整，雖然第一印象會讓人以為這個圓代表的是完美甚或開悟，但事實上它並沒有固定的意義。有些人在「円相」中看見了生命的輪轉，另一些人則看見了宇宙、和平、輪迴、寧靜，甚至月亮的圓缺。

這幅畫是如此簡單，將它映入腦海，也許可以幫助你在繁忙的日常生活中，創造寧靜的片刻。

生け花

Ikebana

心的花藝

在日本，形容插花藝術的詞有兩個，而這兩個詞幾乎可以交替使用。

其中一個詞是「花道」（花之道，也寫成「華道」），「花道」是較廣泛的用法，它體現的是一種意識：強調插花是陶冶心性的活動，甚至人們還認為花道可以啟發自我成長，因為我們知道「花道」中的「道」這個字，包含了把任何活動都轉化成實現個人成長途徑的意義。

另一方面，「生け花」這個詞的意義則是：賦予花朵生命，呈現一種不勻稱的自然姿態和美感。「生け花」藝術創造出一個精緻的空間，在其中，人們可以從視覺上感受並欣賞季節變換之美，僅僅一簇花叢，就體現了緣起、生、滅和輪迴流轉。

自然界中的任何事物都可以拿來運用在插花上：田野的無名花、垂著漿果的小枝、凋萎的枯木等等。在家里展示這樣一件插花作品，可以時時提醒你生命和自然的美好，而當你專注於營造「生け花」藝術的過程，更可以訓練你的思緒、提升自我覺知的敏銳性。

Fukinsei 不均斉

不平衡之美

「均斉」（均勻、對稱、整齊之意）代表了完美，同時也意味著人類生命臻至開悟境界，或來到業力輪迴的終點。然而，這兩者對人類的經驗來說，都是陌生的。

藝術形式必須帶給人一種感受，就是生命還有另一種可能性，同時接受並體現出生命的變化無常，而這些變化與無常不會超越人生中任何一個終點或死亡。因此，我們特別珍視「不均斉」的概念，也就是不勻稱的美。

傳統茶道中使用的茶碗形態是不勻稱的，而且獨一無二、沒有重複。另外，日本的插花藝術「生け花 」也喜歡將花朵的位置安排成不勻稱的姿態。

露水
一滴 一滴
想洗去
這個世界的
所有
塵埃

——松尾芭蕉

第 二 部

美
Beauty

欣賞那些清淡而優雅的事物，
崇敬所有的瞬息無常。

OnBeauty

關於美

有那麼一瞬間，你體會了靜默。

那是一個時間和空間的間隙，而你的感覺超越了任何可能的解釋或描述。

如果那指的是西方美學，你可能會掙扎著去表達、試著花上數小時的時間在哲學概念上打轉。

但是這種美是荒僻的，帶著一種融入日常生活的感性，
想用語言來表達可能會複雜得多。

一個身影在山本昌男先生的作品中央低吟，影像交疊而模糊，
有那麼一瞬間，一切靜默了，
光芒籠罩，遠大於生命的月亮，棲息在她伸出的手上。

那隱約發光的輪廓凸顯了她的動作，而她的低吟哀嘆強調停滯的能量，
動與靜達到近乎完美和諧，兩個完全相異的質性共存於同一個空間。

這樣的美，表現了一種無比的脆弱性。

導演指示一個無法哭泣的女演員去想像眼淚即將落下的前一刻。

停在那兒　　憋住　　這樣就夠了

　　　　　　　　　停在　留白　和　沉默　之間

在火車上閱讀巴索（Basho）：生命幻化成幾行簡單的句子，

「櫻花開了 ── 而歲月的光卻消逝。」

生動的美和簡潔的表述讓人為之一顫。

　　　　呼吸

　　　　　暫停

　　　　　　　　芭蕉的詩句總是輕描淡寫

　　　　　　　　　　　　靜默

來到每個短而精準的句子邊緣　　心從懸崖上墜入

會心一笑

Wabi sabi 侘寂

不完美之美

「侘寂」所呈現的，是生活中各種事物的本質實相——沒有什麼是完美、完整或不朽的。這個詞是由兩個延伸的觀念所構成：首先，「侘」這個字是在缺陷、殘缺中尋求美和圓滿的內在過程。其次，「寂」則是從時間流逝所造成的衰退和變化中，發現事物的優雅與穩定。

總之，這些觀念形成了一種感性：既接受生命的短暫與無常，又試圖超越宿命框架，珍視所有經過歲月和長年細心使用後留下的裂痕、縫隙和其他痕跡。

「侘寂」將時間消逝的失落感與隨遇而安的寧靜，融合成一種獨特的美感意識，在極簡的傳統日本庭園中充分展現：安置著巨岩和鋪設鵝卵石的庭園，在西方傳統的觀念中可能一點都不美，但整個景緻呈現的寂靜安穩，結合鵝卵石中隱含的水聲，光影投射在巨岩上產生的色彩變化，勾起一種蘊含「侘寂」本質的情緒，那些既脆弱又殘缺的事物，最終都成了美。

美しい Utsukushii

綺麗啟發的深刻感受

在日文中，「綺麗」是形容那種清晰潔淨的美，當某人或某物呈現一種優雅的狀態——也許是因為整理得很有秩序、安排妥當，或顏色調和，都可以用「綺麗」來形容。

然而，一個人或物被形容很「綺麗」時，並不一定是恭維或稱讚，因為「綺麗」僅僅描述了外部的美，除非你能同時感到「美しい」：一種從「綺麗」所引發的內在深刻感動，否則，那僅止於表面的清晰潔淨，總顯得有所缺憾。

Yūgen 幽玄

珍視隱晦的奧祕

「幽玄」形容的是一種隱晦的美，用以描繪神祕而深奧的事物，這樣的美，因為刻意避開了想要陳述的主體對象，而產生一種曖昧的意境。

著名詩人松尾芭蕉曾經寫過這麼一段：「古塘／青蛙躍入／水聲之中。」這首僅僅三行的詩，表達了極致的寧靜，但他描述的卻是青蛙躍水的細微聲響，而不直接陳述寧靜本身。

「幽玄」的概念與「簡素」有著很深的聯繫，都是提醒人們去感知眼睛所見之外的意境。

Shibui 渋い

歳月洗練的美

「渋い」這個詞讓人想到的是經由歲月磨鍊所揭示的美，那是一種內斂沉靜的美感：色彩暗淡了、光彩柔和了，總是提醒著我們，要懂得欣賞那些隨歲月增長所獲得的成果，包括成熟展現的優雅，及各種生活歷鍊所刻劃的、象徵豐盛的痕跡。

在許多地方你都可以體驗「渋い」之美，初冬樹葉的顏色，或者桌上的一個舊茶杯……

簡素 Kanso

簡樸的價值

「簡素」由兩個漢字組成，分別代表的意義是：簡單（「簡」），及平實而毫無裝飾（「素」）。通常用作形容詞或名詞，而概念就是提倡簡約。

清除不必要的瑣碎雜物、戒除無益的習慣、節制浪費的行為，我們才能清楚認知什麼才是對我們最重要的。「簡素」既是一種生活風格的選項，在日本藝術中也找到了表現的空間，其中，禪風庭園就是一種極簡的呈現，僅以沙和岩石來彰顯「簡素」的概念，讓來參觀的遊客們想像力超脫眼前所見，進而去反思他們生活中真正重要的事物。

初夏　的雨

岩石　上

柏樹的　綠

將持續　多久

——松尾芭蕉

第 三 部

自然
Nature

有一種哲學,把自然視為
讓人困惑又敬畏、迷戀又恐懼的起源,
從一些特定的儀式中,可以窺其樣貌。

On Nature

關於自然

日間，**柔和**而靜止的光　昏暗的冬日透過老樹枝幹的縫隙閃閃發光。
舒適、安穩。

風，**柔和**的微風　蛛網縷縷細絲閃爍著光，彷彿歲月的皺紋，層層交織。

　　　折返　　　　消除

　　　　　　折返　　　　消除

聲音，**柔和**的聲音　這些聲音在黎明前甦醒，都很清楚大自然並非全然寂靜。

> 這裡，野花搖曳交織成一大片絲綢，硃砂草和紫羅蘭的花苞不確定地探出蜷縮的頭，而報春花和李花則滿滿盛開，張著像年輕女孩燦爛陽光般的臉龐，只是，這裡並沒有陽光，而蜜蜂們早已經離開。

　　　世界　　活在靜止中

房裡一個安靜的角落，一盆插花表達了所有的情緒。
泥土的芬芳、潮濕的寒氣、濃密的植物清香，很快柴火就會升起。
彼岸花直接從地面長出來，讓我們想起那些漫長冬夜中徘徊的鬼魂。

這裡，充滿了回憶和憂鬱
季節一次又一次迎著優雅的華麗組曲回旋起舞。

這裡，樹葉發出噓聲，沙沙颯颯，像舊情書，又像紙鶴。

　　在這孤獨之地

邀請你完全沉澱和放鬆。
城市感覺已經很遙遠，
那些不斷加速的騷動和混亂已經消退。

柔和的構圖　刺眼的顏色，壓抑而減低亮度，
天空……點綴著雲的藍。
一個感嘆。
一句話。

> 隔絕那一週又一週的瘋狂日子、電話線、摩斯密碼般的腳步聲、
> 焦慮又單調、時尚雜誌女孩們以放大鏡和顯微鏡頭武裝自己。

　　輕輕柔柔的著地

　　延伸的空間　　　　　　　　　安穩的呼吸
　　　　　呼吸中有平靜

想起艾倫‧瓦茨（Alan Watts）的句子：

　　你不曾進入這世界，而是從它出來，就像波浪從海洋裡翻起，
　　你在這裡不是陌生人。

你在這裡不是陌生人。

自然 Shizen

大自然的力量

日語中，「自然」指的就是大自然。在不同的歷史背景和哲學思維塑造下，日本對「自然」的概念與西方非常不同，當我們一提到「自然」就會想起四季之美：春天萬物的新生、夏天豐沛的能量、秋天的衰微和冬天的酷寒。

日本群島四週被海洋完全包圍著，而大部分的土地又被山脈佔據，在這樣的環境背景下，大自然對我們來說既是蘊育也是破壞的力量，因此，「自然」這個詞所描繪出的，是對自然世界最深刻的敬畏和尊重之情，同時又對那活力充沛的藍海和綠地所孕育的各種生命充滿感激。

Shinrinyoku

森林浴

沉浸於森林氛圍中

「森林浴」指的是沉浸在森林氛圍中的一種療癒體驗：緩步穿越樹林，讓山野氣息浸透身心靈。這個詞本身是一個相對較新的造詞，由日本林野廳的政府官員在一九八〇年代提出，主要目的是為了鼓勵民眾與大自然多接觸。

到了現在，有各式各樣的戶外場地讓人體驗「森林浴」，但「森林浴」最早的起源地，可以追溯到長野縣的白川森林，在那裡，樹齡三百多年的絲柏神木讓人對自然世界產生無比敬畏。遊客們在神木林中漫步，吸收樹木散發的香氣，沉浸於周圍的寂靜之中，讓心靈和身體迎來全然的放鬆。

時常進行「森林浴」可以消除壓力、增強免疫系統功能，及其它無數經醫學證明的健康益處，然而，「森林浴」本質上是一種靈性的體驗。自然界中萬物皆有靈，走入森林，就像朝奧祕之地致敬。人們藉由漫步森林的活動，提醒自己與自然共存，並敬愛大地。

禊 Misogi

心靈的沐浴

你可能很熟悉「おんせん」這個詞，在日語中是「溫泉」的意思。事實上，這是一種行之百年的特殊戶外沐浴儀式，必須要遵守某些禮儀規則：人們要先脫掉所有衣物、洗淨身體，然後才能進入那經由地熱增溫的泉水中。

這個儀式不僅讓有形的身體淨化，更具有靈性的意義，最早起源於神話，傳說男神「伊弉諾神」從陰間黃泉國回到陽間，為了清除身上的罪惡和不潔，進行了古老神道的沐浴儀式，這便是「禊」的由來。

今天，溫泉因為含有各種從地底流出的礦物質而被認為具有一定的治癒效果，然而，想要感受心靈洗滌的益處，並不一定要前往溫泉地──我們浸泡在熱水中也能感受復原的力量。

沐浴，不僅是為了清除汙垢和放鬆身心，也是洗去一天中遭遇的種種挫折和負面情緒的機會，接下來，才有動力繼續往前、以新的視野面對明天。

Mono-no-aware

物の哀れ

自然無常之美

介於生、死之間的是什麼？在日本，我們以「物の哀れ」這個詞來呈現。它是一種智慧，在親身經驗生命的各個面向後，都能從中發現美，即使是自然界或我們自身的各種消極、陰暗面，如悲傷、軟弱、脆弱、孤獨和死亡，也有美麗之處。

我們常常提到美就會聯想到新生、青春，然而，若是沒有與之相對的那些老化和衰退的陰影，這些正面積極的事物也欠缺了光彩。「物の哀れ」既讓人沉浸在深深的哀傷之中，又同時對萬物的瞬息萬變感到欣慰和感激。

我們就是帶著這份激昂、苦樂參半的悠悠之情，見證這令人眼花繚亂如馬戲團般的世間——即使我們眼裡看著，心裡也明白這一切都不會恆久。

花見 Hanami

觀賞盛開的櫻花

為了一睹櫻花盛開的景象而出遊,是日本每年最盛大的活動之一,這就是「花見」這個詞所形容的儀式。這兩個漢字的意義,分別是「看見」和「花」,也就是賞花的意思。

「花見」儀式中,常可看見人們在櫻花樹下聚集、唱歌、跳舞、享受豐盛的食物和清酒,然而人們真正慶祝的,其實是「物の哀れ」這個概念,也就是大自然轉瞬即逝的美。

人們明白那些美麗的花瓣很快就會全部飄落,所以把握當下、即時享受片刻豐盛,實在是件重要而富有意義的事。冬天人們慶祝「雪見」也是出於同樣的心情。

一片　荒野　中央

無依　無靠

一隻　雲雀

唱著歌

——松尾芭蕉

第 四 部

覺知

Mindfulness

那些滋養你的潛力、
發掘你的動機,
並訓練你專注於內在的所有詞語。

OnMindfulness

關於覺知

畫廊裡，一幅巨大作品單獨懸掛著，
這幅畫背景中的白色完全不曾留下任何筆觸。

　中心，是一個円相，
　　　　　　　又稱為禪意之圓，僅以一筆畫出。

墨：夜晚，黑色如血滲透到紙中，淌流如脈。
　　柔和的邊緣浮現，那是兩物相遇時所展現的本質。

圓並不完整，兩端不相遇，象徵著不完美本來就屬於萬物存有的一部分。
學著消除所有外在膚淺的雜音，活在當下，現在這一刻，
才是你創造過去和未來的地方。

散步回家：回到你的房子，**破碎**的屋瓦，經歷太多地動天搖，

　　　　　　　夏季暴風
　　　　　　　　　　寒冬冷雨

現在已無人居住，窗戶裡燈光不再點起，遺忘而荒涼。

前院裡的花草因疏於照顧早已枯死，
一棵寂寞的樹在遺憾中垂倒，它的枝椏彎曲，
仍有些樹葉點綴其上。

當太陽開始沉落，
最後一道暮光補捉到一顆孤獨柿子的身影，閃閃發光的焦黃橙色，
　　留下無字的詩句
　　　　　當作宣言

　　透過窗，一個小房間裡，鋪著榻榻米
　　　　　　　　　　　已有多處磨損而破爛不堪。

沉落，溫暖的太陽，一切還沐浴在金色光線之中。

　　一切都已知曉，而且熟悉，正如荒涼的花園知道春天會再回來。
　　一切，現在和曾經，都會再次出現。

早已感知有些力量太強大
根本無法抵抗或去改變：在遠處暴風之中，雲翻滾著。

當雲飄得更快時，
櫻花脆弱的花瓣，從新綻放的蕾苞上紛紛落下。

Ikigai　生き甲斐

生存的核心價值

有人認為，找到人生的「生き甲斐」，就是保證幸福長壽的祕訣。我們許多人每天都忙著應付喧擾慌亂的生活，包括超時的工作、難以負荷的家庭義務等等，而「生き甲斐」即「生存的核心價值」，是讓我們每天早晨起床還能享受這一天、還願意繼續往前的動力。

綜合熱情、專長、天賦才能與責任，每個人的「生き甲斐」都是獨一無二的，當你試著回答那些關於感受和價值觀等困難的問題（什麼讓你感到快樂？什麼對你來說最重要？），你就為自己描繪了在生活中奮力往前的方向。「生き甲斐」這個讓人可以實現圓滿人生的積極力量，成為目前最值得關注的議題。

然而，尋找「生き甲斐」可能是一個終身任務。為了瞭解自己的生存核心價值，就要不斷試著去了解什麼對自己有益、什麼值得全心投入，並避免那些分散注意力的雜念。

「生き甲斐」提供了一個凝聚價值觀的核心，對照這個核心價值，就能得到滿足和平衡。

改善 Kaizen

持續的演進

處理事物時，無論在質量、組織還是過程中，如果發現任何缺失，我們都應該評估問題、努力改變現狀，讓事情變得更好，這就是「改善」一詞的意義。原本是從日本的企業經營理念中傳承下來的概念，它創造了一種持續演進的文化。

「改善」這個詞教導我們，帶著積極並有效改進的意圖去面對我們的生活，甚至更進一步，要明白個人的行動對他人也會產生影響。在內心深處，這是一種樂觀的哲學，強調以實際行動尋求改進，雖然最初只是一種用來衡量企業效率的標準，但現在成為了我們在生活上要學習的功課。

精神修養 Seishin-shūyō

自我開發與修正

為了充分發揮潛力，你應該擁抱各種自我檢驗、自我開發和自我修正的機會，而「精神修養」指的就是這樣一種過程和鍛煉。

通過它，無論是身體或精神都將朝向自我實現的目標前進，它強化你的意志力，並鍛煉出堅定的心智及健康的靈魂，特別是當你遭逢逆境、難以做決定，甚至對自己的未來該選擇哪一條道路都充滿不確定時，透過這種禁欲苦修，可以幫助你掌控自己的生命。

「精神修養」可以透過各種形式來實踐，包括冥想、瑜伽、體能鍛鍊，還包括各種可以實現「道」的活動。

道

Dō

內在提升的道路

任何事物加上「道」這個字，都表示它是一種透過參與、練習而走向自我提升道路的活動。

在日本，人們最耳熟能詳的例子包括「武道」——武士精神及武術的修習；「茶道」——茶與飲茶儀式的修習；「香道」——傳統線香藝術的修習；以及「花道」——花與插花藝術的修習等等。

無論是什麼樣的活動，只要你在這件事情上追求卓越，就可以將它稱為一種「道」，這個詞充分體現了你從事這項活動的態度：透過有紀律的練習，達到逐漸提升自我心智和靈魂的最終目的。

形 Katachi

形式的感受性

在日語中談到「形式」，指的絕對不僅僅是物體外部的形狀。「形」這個字，除了講究物體外部輪廓的描繪，同時也深究這個形式的功能及想要傳達的意念。進行設計時，以「形」的概念作為引導，利用木、竹、石、土等材料創造出纖細、優雅的物件，讓我們從中感受技藝的精湛和獨特的精神性。

然而，「形」並不限於眼睛可見的有形物，作為動詞使用時，「形にする」表示將無形意念以行動實現或藉由實物呈現，例如當你想要以行動回饋某人時，你可以說：這是我心意的「形」，意思是「這是我表達感謝你的方式」。從這個角度來看，「形」似乎也是創作者們將他們靈魂的美，透過工藝作品傳達出來的管道。

匠 Takumi

工藝師

「匠」這個詞代表的是一種榮譽和尊重，通常用來稱呼工藝師：一個終生致志於追求美和卓越技藝的人。「匠」絕對不容許半調子心態，他們讓我們學習到堅持的價值與承諾所能得到的回饋，「匠」珍惜所有材料、投入心力、將每一刻的勞動昇華成一種藝術形式。雖然我們會質疑工作本身怎能當作它自己的報酬，但對「匠」來說，金錢上的收益其實只是次要，報酬可以是超越物質形式的價值回饋。

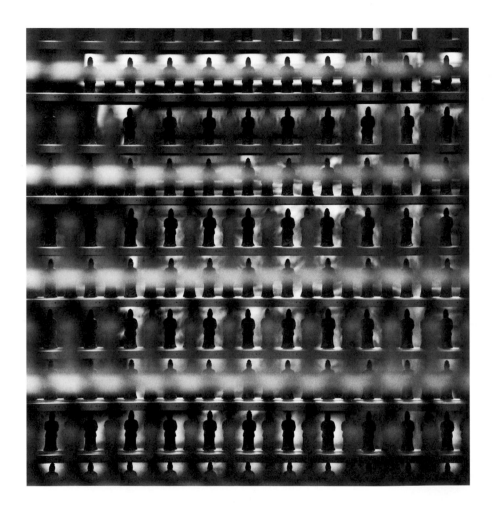

Kodawari 拘り

最貼近「拘り」原意的翻譯應該是「挑剔」或「過分講究」，
是一種全然專注於細節、堅定而嚴謹的態度。雖然這種態
度有時看起來似乎過於迂腐學究、甚至嚴苛，但它的動機
卻是出於一種真誠的熱情和自律。

例如，一個真正的工藝師會下很多功夫讓他的作品實現完
美，即使他明白自己投入的許多努力都不著痕跡、外人很
難察覺，但這就是「拘り」的精神，它講究的是向內而不
是向外的嚴謹：要求自己努力、而不是挑剔他人。

給所有

逝去的日子

感謝

花朵們

再見了

——松尾芭蕉

第 五 部

感恩

Gratitude

提醒自己凡事要考慮他人，
以深思熟慮、誠實與謙遜的態度行事，
並回饋你曾經接受過的所有善意。

OnGratitude

關於感恩

禮物只有在被收下的那一刻，才能展現出這份贈禮的魅力，
它讓人激動歡喜並充滿感激，
在過了很長的一段時間之後，還是想說聲「謝謝你」。

一盒鹹梅茶、一個繡著奈良鹿圖案的小錢包……
這些禮物，都是為了與留在家中的家人分享你的旅遊經歷。

比起那些禮物本身的故事，
你更想表達的是你的心意。

當最後一盤佳餚被清空、最後一杯葡萄酒被喝盡，
這時，也只有這一刻，我們才真正算是招待了我們的客人。

新的一年　一張千元紙幣摺疊四次，工整地放入手工印刷的精緻信封裡。

這只是一個簡單的贈禮，是我們在新年初始，誠心送給年幼孩子的祝福。

市區裡，兩名同事正在飲酒慶功，兩人之中較年輕的那位先替
上司倒酒，而上司也立刻回敬。像這樣一個簡單的動作，增強
了人跟人之間的聯繫和相互尊重的精神。

這是保持和諧共處的潤滑劑。

互利互惠：
其實是一種基於感激而發展的社會形式，翻閱收藏了許多過往回憶的舊相簿，
你想起許多歡慶時刻的喜悅， 生日或節慶，氣味和聲音飄蕩在各個年紀：

隨音樂起舞，
    高舉著手，
        有喜悅也有悲傷。

那些特殊的時刻：那一年、那一月、那一天。
有時最難處理的情感，是那些過往的情緒。

渴望。

感激之情像金色的漣漪擴散開來：
真的很高興認識你、愛過你，曾經和你共享了許多時間和空間。

客人們屈身穿過一道低矮的小門進入茶室，一會兒，茶師進場，
以跪坐的正姿就定位——這過程中的各種姿態，都是為了讓我
們放下身段，謙卑樸實地為周圍的人著想。

所有想講的話語和感激之情都化為心意，並以手勢傳達。

雙手輕輕合掌，無聲地說「我開動了」，然後把茶碗舉到唇邊。

贈答 Zōtō

禮物

「禮物」體現的是人類相互間的聯繫、感激和對未來能繼續建立良好關係的期望。在日本，細心周到的禮品交流禮節，已經成為一種精緻的儀式：贈送者非常講究禮物的各種細節，確認物品是否優雅得體，甚至包裝也非常重視。

這樣的禮物包含著彼此對於禮尚往來的理解，而「贈答」這個詞不只代表了贈送禮物，還有回報、回饋（お返し）的意思。

除了在節日和慶典活動等一般場合贈送禮物，在夏季和冬季也會分別再贈送一次，稱為「御中元」（仲夏禮物）和「御歲暮」（年終禮物），主要是送給那些在工作或個人生活上幫助過你的人，以表示真誠的感謝。除此之外，外出旅行回到家之後，也會帶上一些當地特產「お土産」，讓朋友和家人也可以分享這些旅行紀念品。

由此可以得到這樣的結論：其實送禮並不需要局限於日曆上註明的特定節日慶典，而是將這個行動化為日常互動的一部分，常常想到用一些滿懷心意的物品來向別人傳達我們的感謝。

素直 Sunao

正直的心念

「素直」可以解釋為「服從」的意思，聽起來似乎有些霸道，但其實真正的原意並不是這樣的。它的源頭可以追溯到神道傳統中，一種清楚明白、公正而無偏見的世界觀，換句話說，這個詞意味著一種真誠的視野：不帶偏見的去感知世間種種，對自己和周遭的世界都保持誠實的心，是一種讓我們保持謙卑的修練。

仕様がない Shōganai

接受無法改變的事

「仕様がない」字面的意思是「沒有辦法」或「束手無策」，它提醒我們，有時就是必須接受事物的現狀。當遇到超出我們能控制或掌握的情況時，不要為了企圖改變而不斷爭鬥，「仕様がない」的想法允許我們放手，釋放憤怒、失望和內疚等負面情緒，並擁抱「接受」與「臣服」。

Kotodama 言靈

靈性力量的問候語

在日本，許多人相信「言靈」的力量，認為與人打招呼的一般問候語中，具有神奇的魔法：當你把話語大聲說出口，就具備了靈性的力量。善意而真誠的話語會帶來好運，就像一種祈禱，而惡意的話語則會給自己帶來災難。

這些問候語中，最迷人的一個是「行ってらっしゃい」（慢走、路上小心），這句話通常是對即將離家外出的人說的，它所傳達的是一種比「再見」或「再會」還要發自內心的情感，更精確一點來說，它的意義就是「請一定要平安歸來」。

即使是最簡單的日常生活詞語，其中都可以包含真摯的情感。這提醒我們，無論對陌生人還是認識的朋友，我們都應該更留心各種機會去打招呼並給予祝福。

甘え　Amae

適當的依賴

「甘え」是一種重要的概念，它可以衡量我們與他人的距離，知道自己在依賴與獨立、孤獨與互動之間，是否保持良好的平衡。「甘え」這個詞原本是用來描述一個年幼的孩子依賴母親、向她撒嬌，而母親會無條件地回應並照顧他。然而，當「甘え」被用來描述成人之間的關係時就顯得很弔詭：太多「甘え」是一種不成熟的關係，表示一個人完全依賴另一個人；但太少「甘え」又令人擔心，因為那意味著疏離和缺乏親密的聯繫。

既然社會群體互動是人類基本的需要，我們必須試著找到適當而平衡的「甘え」，才能維繫有意義且圓滿的人際關係。

內

Uchi

你的自己人

雖然將人分為「內人」（自己人）和「外人」顯得有點排斥的意味，但這個概念可以讓我們學會以合宜的行為和語言去融入不同群體，同時又保持適當的尊重。在日本，凡是屬於「外」的，總是受到禮貌的對待，但人們不會與這些外人分享最私密的想法或疑慮，而那些被歸類為「內」的家庭成員或親密朋友，則會得到最溫暖的擁抱和充分的信任。

當有人跨越界線從「外」進入「內」，那是一個溫暖而重要的時刻，這意味著他們已經充分獲得了你的信任和友誼。

潔さ Isagiyosa

無私無我

冥想修行時的目標，是達到一種全然沉靜的無我狀態，也就是「潔さ」。它字面的意思是「純淨」，表示一種堅定和無私的心態。武士傳統非常珍視「潔さ」這項美德，它讓武士們在戰鬥時不只勇猛，而且不會驕矜自大。

在今日，「潔さ」這種沉靜無我的精神，不僅可以引導人們步上開悟之道，也能讓我們在困局中平靜思考，超越個人自我，看見更大的遠景。

反省 Hansei

自省而不自責

「反省」就是自我檢討，它常常被誤解成一種消極和責備的意思：審視自己出了什麼問題，並確保不再犯同樣的錯誤。然而，「反省」所著重的並不是責備，而是進步：不需要斥責自己，應該尋思下一步該怎麼做。

「反省」是讓自我變得更有覺知的過程，知道自己有能力提升，並能從過去的經驗創造積極正向的態度。

雲 和 濃霧

盡它們所能

快速地

向人展現

百種風情

——松尾芭蕉

第 六 部

時間
Time

一種概念，
讓你覺察自然的節奏感，
並珍惜當下這一刻。

關於時間

一個紅色的漆器茶罐，表面已磨損，露出斑駁的黑色底漆。
仍然可以看到表面的紋飾：雪雁，飛行中。
永遠保持著動態，遷徙和返回。

　　雪雁自在地滑行，施展著天賦。

牠們在天空劃出的那道弧線，明天和明年都會再出現，就像去年一樣。
在這裡和那裡之間，牠們飛行的路線畫出一個大圓，
紅色的天空中，光潔的羽毛被染成燦金，
然後在歲月和指尖（握著令人安心的杯子，恍如展開一場儀式的指尖）的撫觸下，
逐漸褪色。

　　你泡著茶
　　　　你總是泡茶

和雪雁一樣，鳥巢的築起總是有其用途，從不浪費或閒置。

　　總是等待著被填補和擴充，拆除又重建。

> 用勺子精確地舀起一定分量的茶，倒入一個家傳的老茶壺，壺裡漸漸充滿你的母親和母親之前的母親們熟悉的氣味，味道被茶壺內壁吸收。這一瞬間，時間顯化成有形之物，裝在這個先祖和記憶的遺產裡。

無須藏匿任何祕密和禁忌
也無須擔心
如果一切都是已知
在第一次相會之前

　　　　　　　　　　我們的陰影
　　　　　　　　總是從陰暗中升起
　　　　　　　　兩隻眼拼命轉動
　　　　　　　　注視著　哀求著
　　　　　　　似乎有什麼快速地移動了
　　　　　　　　　　憤怒張狂
　　　　　　　　　慢下來去找到
　　　　　　　　你無止息的呼吸

這個紅色漆器老茶罐，跟茶壺一樣累積了歲月的香味。
茶漬渲染著、蘊釀著，而所有一切也都傾吐著、宣洩著。
就這樣日復一日，談著談著，了解了、明白了。

　　　　即使到了現在，一切仍舊不變。

就算歲月累積了更多智慧，老茶葉的痕跡和過去的種種都永遠不會消失。
在某一天出現的機會，將在另一天重現。

　　　　明瞭這一點，智慧就增長了一些。

一期一会　Ichigo ichie

一生一次的相會

「一期一会」這個詞所蘊涵的智慧，要歸功於著名的一代茶師千利休將它發揚光大。他認為，一個人雖然有機會參加下一次茶道儀式，但這次儀式中每一個片刻產生的體驗，都永遠不可能再有機會重複，也無法以同樣的方式與同一個人分享。

因此，你應該珍惜當下，並全然地活出每一刻。學習、哭泣、歡笑、享受，對待他人以最大的尊重，並給予他們最真誠的關懷——把每一次的對話交流都當成一生一次的機會，永遠不要只是敷衍了事。

初　Hatsu

萬物之始

「初」這個詞充分闡釋了日本人對於日常週期變換的觀點，當例行事務循環來到終點並重新開始時，就稱為「初」。它通常作為字首來使用，形容一個事件或週期的起點，例如，「初日出」是指新年的第一次日出，「初詣」是新年第一次來到神社參拜。這次詞鼓勵我們不要留戀過去，一切重新開始。

Zazen 坐禅

冥想靜坐

身處這個被各種雜念纏身的世界，要治癒身體上的傷口和瘀痕是很簡單的，但在騷動和混亂中，心靈上的創傷卻很難找到修補的方法，「坐禅」或許就是一個解藥。

按照字面上的意義，「坐禅」是一種採取坐姿的冥想練習，只需要找到一個可以舒適坐著的地方就可以開始，事實上，「坐禅」的目的就「只是」坐著——坐下來、暫停思緒、試圖達到一種無我的狀態，讓自我融入周遭一切。

練習的時候要暫停所有的批判思維，讓言語、圖像、創意和念頭只是穿越你而不糾結停滯，專注於身體和呼吸。你可以自由決定「坐禅」時間的長短，但佛教僧侶設定了一個單位來衡量他們「坐禅」的時間：「一炷」，是指燒完一柱香的時間，大約四十五分鐘，被認為是有效的「坐禅」時間，整個療癒過程足以讓你煥然一新，並重新感受單純存在的意義。

無言の行 Mugon-no gyō

靜默的好處

「無言の行」是一種靜默無聲的冥想練習，它要求在行為之前暫停片刻去關照當下：覺知自己的行動是否保持自主，而不是回應別人。

冥想修行中通常都會要求禁語。對你來說，這種不允許表達想法的練習可能是個挑戰，但這樣做卻能讓你對自己行為的動機和欲望保持高度覺察。在日常生活中，透過「無言の行」的練習，你可以在說話或做事之前，創造一個暫停和反思的機會。

Enryo 遠慮

特殊的猶豫狀態

「遠慮」是一種比較特別的猶豫狀態。當有人要求你提供意見、做決定，或表達你的想法時，你可以保持「遠慮」，讓自己暫停片刻、細心思考：這樣做，是否會強加自己的意念給別人？「遠慮」的意義是克制自己的衝動、將別人放在第一位——在你繼續自己想做的事之前，考慮一下別人的想法和感受。通常，在第一次面對一些人事物的時候保持「遠慮」，是一種禮貌的表現，而在親密的朋友之間保持「遠慮」，則是一種貼心和尊重。

我慢 Gaman

耐心與堅毅

「我慢」是一種堅毅而有耐心的態度。當我們面對難以忍受的情況、遭受自然災害或悲劇時，帶著尊嚴接受這些創傷，無須指責或抱怨，就是「我慢」。

「我慢」與「頑張る」（努力）是一樣的意思：這兩個詞都意味著忍受磨難，在面對挑戰時，只須盡最大的努力堅持忍耐，直到逆境結束。這種概念常常能將處於困境中的人們團結在一起，並衍生出「頑張って」（加油）這個詞，用來表達鼓勵、同理心和精神支援，讓在掙扎中的人們知道他們並不孤單，所有的辛勞並不會默默白費。

月亮 升起

他們的 手 棲息 在

膝蓋 上

在這夜晚的 屋 裡

——松尾芭蕉

第 七 部

尊重
Respect

這個詞由謙卑慢慢累積而成，
以崇敬和紀念作為引導，
對生者如此，對死者亦然。

關於尊重

尖峰時段一列擁擠的電車，

前進　　後退

慢慢來

一句話也不用說，只有輕輕點頭表示歉意。

沉默是明顯刻意的，帶著尊重，在這擁擠之中創造了一個空間。
每天都有數百萬人參與這場精心編排的群舞，
而每一個舞步都考慮到所有參與的舞者。

尊重慢慢擴散就像一陣風，輕輕推著四季前進，
也像流水平穩而和緩地流動著。

在街上相遇，距離約一公尺遠，一個禮貌的鞠躬——這是代表尊重最顯著的象徵，
彎下腰的角度和時間長短都是有意義的，創造了它自己的語言符碼。

明白一切都是短暫的，只有現在這一刻真正存在。
就像武士們一樣，帶著尊嚴和榮耀活著，以求在死去時沒有遺憾。

我們只在當下尋求美。

因為明天它可能就消逝了，明天總是沒有承諾。

尊重在生活中各個層面體現——然而它並不專屬於生者。隨著八月來臨，紀念祖先的儀式也開始了，為了緬懷和敬仰那些去世的先祖們，因為他們的奉獻、犧牲，我們才有幸過上好的生活。

透過這些具體的行儀禮典，先祖們不僅受到尊重，甚至感覺仍在家中與我們同在，也正因為感受到祂們的存在，為了表達尊敬、不讓祂們受辱，我們在日常生活中的所作所為都會謹慎合宜。

尊重就像是一張大織毯中一縷色彩鮮明的線，
它所觸及的一切，都沾染了它的色彩。

它既是錨、也是骨幹，一往一返、基本的兩步，
毫不費力地穿梭在尊崇它的人們之間。

橋下，一個臨時的居所，瓦楞紙箱為那些無家可歸的人打造了「家」。
它們彷彿蘑菇般突然冒出，鮮明醒目，然後在早晨來臨之前被拆除。

走近細看，可以發現一個入口，以塑膠布幕遮蔽，
幾乎不足以阻擋外頭的風風雨雨，裡面空間狹小，只容得下隱身安睡。
而在這裡，這個簡陋不堪的入口，僅以一個簡單的形式宣示了深刻的尊重——

一雙脫下、排放好的鞋。

丁寧 Teinei

禮貌性的謹慎

在「丁寧」這個詞語中，「丁」的意思是「縝密」，而「寧」則是「安靜」，兩者結合之後衍生的意義更接近「禮貌」：帶著一種謹慎多禮的態度，展現在每個行動中，甚至連熨燙襯衫這種每日例行工作，都帶著奉獻和縝密的心思去執行。

「禮貌」這個詞常被狹隘地認為只能用在描述行為舉止上，相比之下，「丁寧」更像是一種哲學思維：與其為了得到別人認可、為了表現對他人的敬重而禮貌行事，不如反過來想，凡事以最謹慎細緻的態度去執行，以展現自己的作風品行，注重細節並樂在其中。

換句話說，「丁寧」成了一種自律的表現──以「精神修養」的態度把每件事都當作鍛練心智和靈魂的機會，以「丁寧」的態度面對日常中的大小事務，使生活變得更積極、更真誠。

礼儀作法

Reigi saho

表示尊重的言行舉止

這個詞大致可以翻譯成「有禮貌」或「教養好」，但「礼儀作法」特別強調行為舉止的禮節，也就是要求你的行為要遵循一種禮儀節度——在許多方面都注重禮儀以表示尊重他人。

例如，為了讓說話更得體，特意去上口才訓練和詞語表達的課程，而孩子們從很小的年紀開始，就被教導要學習和練習諸如鞠躬和問候他人等禮節——這些都是「礼儀作法」的一部分。在一些正式場合，包括各種「道」（花道、茶道等）或與人交流互動的公共場合，「礼儀作法」更是非常重要。

「礼儀作法」是一種文化傳統，它的起源可以追溯到古代的儀式，活著的人透過各種精心設計的動作與誠心的禮儀，表達對神靈和祖先們的尊重和感激。

先生 Sensei

尊敬師長

「先生」這個詞語，是為了尊重每一位為社會貢獻自己的智力，來改善大眾健康、促進教育或刺激經濟成長的人。這是為他們冠上的榮耀稱號，是一個必須努力贏來的稱謂。

你的幼稚園老師、大學教授、醫生、甚至插花老師，都可以冠上「先生」的尊稱。在日本，你可能從學生時代一直到了成年之後，都會繼續稱師長們為「先生」，以表示對他們永久的感激與敬意。也許我們都應該想想，要用什麼樣的形式向那些曾經給予我們指導的人表達感激之情，並記住他們的幫助和啟發。

Go-on ご恩

感恩之情

當你要表達對老師們的尊重時，會冠上「先生」的稱謂，而「ご恩」則普遍指那些曾經關照過我們的恩人、貴人。「ご恩」是從前封建時代發展出來的概念，用來描述領主與武士之間的義理，「ご恩」是武士對領主提供的保護所表達的回饋與感激之情，而具體形式就是表現絕對的忠誠。

在今日，「恩」這個字指的是對任何朋友或曾經照顧過你的人產生的感激之情，也許你會加倍回饋這些曾經給予你「恩」的人們，但你對他們的支持與協助，絕不是出於內疚或覺得必須盡義務，而是一種真誠的渴望，希望報答那些曾經幫助過你的人。

「恩」無處不在，它發生在你與父母、朋友、同事、甚至陌生人之間，它是一種很美的連結，讓社會上人與人之間的關係更緊密。

Mottainai 勿体無い

不浪費

這個詞起源於佛教用語「勿体」，原意是「事物本然的模樣」，加上否定詞「無い」之後，「勿体無い」常用來表達一種可惜、浪費的感覺。

在日本，可能常常會聽到這個詞用在勸人不要浪費食物，但它的意義並不只局限在物質方面的浪費——濫用自然資源、虛度生命或浪費時間都包括在內，甚至也涉及精神、靈性上的耗損，包括失望、不適和種種矛盾衝突，形容因誤入歧途而導致努力白費，或潛力沒有得到充分發揮。

仏 Hotoke

懷念亡者

在日本佛教中，「仏」指的是死者的靈。每年八月中旬，家人都會聚在一起舉辦「法事」迎回祖先們的靈，並要求祂們在家和親戚們一起相處幾天。這個習俗顯示，日本傳統中對於懷念先祖的方式是非常窩心的：你永遠都可以召喚所愛的親人回到你的心裡或家裡。

生活美學的終生學習者

—— 朱平

最近幾年，時常聽到 Hygge（hue-guh），是「丹麥式美好生活」的代名詞。丹麥一直是聯合國最幸福國家的前三名，所以大家都好奇丹麥的文化中，到底是有什麼樣的基因，讓他們感覺到幸福、美好。

剛拿到《生き甲斐：在當下，發現美與不美》的書稿時，也很好奇日本美學與幸福人生的關鍵字是什麼？當發現有人以「生き甲斐」（Ikigai）作為生命哲學觀、幸福人生觀，以及「生存的核心價值」的出發點，並藉此來闡述日本美學精神及文化信仰，就非常嚮往。

我在生活美學上仍只是一位終生學習者，對日本美學往往也只是停留在 Wabi Sabi 精工禪意的基本美學上。很高興看到這本精緻而且值得珍藏的書，尤其知道作者是出生在東京、八歲到美國成長學習的語言學家，能用她專業的訓練，從遠處看自己的美學文化，更是有一定的價值。

有些書是讀完後放在書架上，成為自己圖書館的珍藏；有些書是可以送給已經準備好的朋友，希望他們也會讀後珍藏，成為他們生命成長的養分。這本關於日本美學的攝影書，就是值得自己珍藏及送給好友的書。（代表您的好友先謝謝您！）

此外，要特別謝謝這本書的譯者尤可欣，相信她一定也是美好生活的實踐者。

本文作者為生意人・悅日人・漣漪人
漣漪人文化基金會共同創辦人

凝視生命，詞入人心

—— 章成

京都冬天的寺院，木地板看來溫潤，實暗藏一種偷襲式的凍冷，等發現足心刺痛時，為時已晚。

永觀堂的一隅端坐服務的和尚，雙腳踏在一台暖足的小巧機器裡。路過的遊客對他說：「這機器真好。」

和尚笑了：「是啊！古語說『頭要冷，腳要暖』，這是養生之道喔。」他突然拿下帽子，拍拍他的光頭：「這格言還有另一個意思：做人處事頭腦要冷靜；行動要勤快。」

好一句充滿智慧的金玉良言。

初春，智積院的早課結束的時候，才剛清晨六點。朝陽斜斜地爬上正在靜坐的人們的背脊，驅散刻骨的寒氣，送來不能聲張的幸福。

帶領完早課的方丈對大家說話：

古人造字是有智慧的，房間的「間」，是門裡面有日。也就是說，一個空間要有日照，才稱得上是可以住人的「房間」，人在裡面才會健康⋯⋯

人的心也是這樣，心裡面也要有陽光，那才會是真的幸福呦。

只三言兩語，說中不常如此早起的客人們，迎接暖陽的當下感受；一眾法喜充滿。

語言，就像往來於人與人之間的心靈列車。然而當它真正停靠在我們內心，經你靜靜地凝視之後，你會發現：原來它們擁有比人們所認識的；更豐厚的美。

　　這本美麗的小書，便如一條青苔小徑，引導你通向許多詞彙背後，意境悠遠的方丈庭園。再透過作者的凝視，一片片閃耀著生活智慧的生命拼圖，你的心便看見了。

　　　　　　　　　　　　　本文作者為靈修導師、資深廣播人、三屆金鐘獎得主

發現詩的散文與散文的詩

—— 蔡佩青

希達將手輕輕疊放在巴魯厚實的掌心上，兩人的眼神從悲傷轉為堅定，在說出「Barusu！」的同時，天空之城開始自我毀滅……

——宮崎駿《天空之城》

清清淡淡的小品，這是我對本書的第一印象。看不到咬文嚼字的句法，沒有太多的佳言詞華，文章像寫詩一樣，在意想不到的地方斷句、換行。但讀到最後，我發現，我能清清楚楚地感受到作者創作本書的意念——語言的神祕力量。

本書舉出四十三個日語詞彙，分章在「和諧、美、自然、覺知、感恩、時間、尊重」裡，細細檢視每個詞彙，有許多分類基準是我未曾想過的。比如，作者將「不均齊」放在「和諧」；讓「形」納入「覺知」；把「遠慮」歸進「時間」。

這些對我而言，有點意外，但也感到驚喜。原來，在達到均衡或說和諧之前，必須先經歷一段不均衡的階段；透過形式，我們才能感受到創作者的意念與精神。而「遠慮」是一個令我頭痛的單字，因為我總是無法精確地譯出中文，但是作者告訴我，那是一種需要稍事片刻的時間停留。

尤其當我看到「渋い」這個字出現在「美」的篇章裡，幾乎要驚叫出聲。我主修日本古典文學，研究活躍於十二世紀初的和歌詩人西行。每每我如此介紹自己，總得到一句

「渋いね」（太老成了吧）的回應。我以為這不能算是稱讚，但也不知如何說明這項研究帶給我難以言喻的深刻感受，透過本書，我終於釋懷，因為「渋い」訴說的是經過歲月淬鍊的內斂沉靜之美。

美，是本書的關鍵詞之一，但又如書名所示，不完美也是作者想傳達的一種美意識。作者提出的詞彙，不僅是用來書寫的文字或唸出聲的話語，其中蘊含了日本人在人生中的某種堅持與態度。作者瑪麗・藤本的文字魅力就在於，不用誇飾的句法，只一幕日常生活中的場景，便能清淡卻有哲理地道出詞彙背後的日本人精神。

日本人自古以來便相信語言裡住著精靈，古文獻裡稱其為「言靈」。言靈一詞最早出現在成書於八世紀的古詩歌集《萬葉集》裡，山上憶良在寫給遣唐大使的餞別詩裡提到，日本是「言靈の幸はふ国」，意指藉由語言的神祕力量帶來幸福的國家。雖然詩歌中的言靈指的是天皇的詔旨（憶良說：「在天皇的祝福之下，你一定會平安歸來。」），但也同時點出了言靈的本質：說出口的「言」（koto）一定會實現為「事」（koto）。

我也相信語言是有生命的，我指的並非文字的演變或是話語的流行性，而是我真的能感受到它所散發出來的氣息。聽到「花見」，眼前自然浮現滿開的櫻花和賞花人們的歡喜，看到「一期一会」便不由得為預期到來的離別陷入短暫的哀傷。而「生き甲斐」指的是生存價值，能帶給我勇敢，叫我要抬頭挺胸、認真生活。

因此，第一眼看到書名時，我不解為什麼作者要從眾多詞彙中挑選「生き甲斐」作為代表，我以為這樣一本充滿哲學與禪意的書，應該給它一個更輕、更淡的名字。然而，在即將寫完這篇文章的此時，我懂了，因為語言具有靈性，甚至咒力。因此，任何一個文字

與話語，都可能對某個人造成深遠的影響，抑或成為生命中重要的核心價值。

　　本書最令我感到有趣的地方，是閱讀另一位作者大衛‧布克勒的詩文小品，很多時候我不知道自己讀的是散文還是詩。有如詩的散文，也有散文般的詩，詩與文交錯出斷續的筆觸，彷彿在不夠平滑的紙上塗鴉似地。或許獨特的編排技巧也帶動了視覺感受，這讓我會心一笑，因為我彷彿看見了日本古典文學手抄本裡才會出現的書寫法「散らし書き」，刻意跳脫規定好的行序，不勻稱地書寫，以為作者開始寫詩，仔細一瞧，才發現還是散文。

　　本書在每個篇章的首頁引用松尾芭蕉【注】的俳句，又更教人離不開詩與散文之間的徘徊。俳句發展於和歌，後又逐漸脫離和歌的高度詩性，在芭蕉筆下，寫出的是詩也是文。

　　最後，我還想提及那些張張意境深遠，卻沒有圖說的照片。我不懂攝影技術，但每翻一頁，就忍不住輕嘆「啊……」，因為這些攝影作品讓我的心頭湧出各種不同的情緒與感動，這一聲「ああ」（啊），便是「あわれ」（內心的感觸）一詞的由來。我相信攝影大師邁克‧肯納守在這些景物前，在按下快門的同時，內心一定也有許多驚嘆，而那些對萬物的瞬息萬變所引發的情感，便是日本人的美意識的緣起──「物の哀れ」。

本為作者為淡江大學日本語文學系副教授

【注】芭蕉的作品有許多回應古人的心情抒發，他尤其醉心於西行，曾探訪西行在吉野山的草庵遺跡，說其氣氛莊嚴，看著西行和歌中所詠的清流一如往昔，於是寫下「露水一滴一滴／想洗去這個世界的／所有塵埃」（本書 p.28）」。還說：「如果伯夷身處扶桑，必定以其漱口；如果告知許由，必定以其洗耳。」可想見芭蕉對西行的崇敬之心，擴及景物，甚而以為這清流水滴能養高潔志氣，洗去世俗塵埃。

每次到日本，總會被她深沉的美感所吸引，但是卻無法說出到底是什麼事物魅惑了我。日本的美，從來就不適合用言語說明，長久以來，就只能意會，而不能言傳。

《生き甲斐：在當下，發現美與不美》嘗試將日本美學的奧秘，用可以理解的文字，以及美到令人迷醉的攝影，解釋給大家聽。然後，我們才恍然大悟，那些在枯山水中的圓形圖案、那些殘敗的枝葉、那些荒野中歌唱的雲雀，還有繚繞的雲霧山巒等等，不只是表面的美而已，還有更深沉的人生哲理！

——李清志，建築學者、都市偵探

每日早晨會讓人想要為之而起的動力，不必然是雄心壯志或野心勃勃的企圖心，可不可以是因為能「開心做自己、發現美並感受遠離喧囂、心靈平靜的快適」？

出身日本、美國長大的語言學家 Mari Fujimoto 以 43 個日文關鍵詞，以及藏著安定力量的英國攝影家 Michael Kenna 的絕美作品，引人進入美的境地，享受馥活身心的美感生活。

——吳東龍，日本設計觀察家

我是在喜愛了日本文學、日本文化很多年之後，再開始學日文的。也許到了某種心境後，尤其能欣賞日本人的美學觀。日本一直不缺乏外國視角的近身觀察，我讀過好幾種。這本書的獨特，在於作者小時候曾經在日本居住，長大後，日本經驗成為作者一生的背景原色，跨越了國界，跨越了文化的隔閡。讓我們重溫日本美學最深邃的自在。

——蔡詩萍，作家、廣播電視主持人

這本書印證了理解不同語言的字彙可以帶來的好處：我們可以用兩種不同的方式看世界，並同時持有兩種觀點。

——英國 BBC 藝文網（BBC Culture）

《生き甲斐》是這狂熱世界中一塊美麗的平靜綠洲，我認為這本書完美體現了書中所說的「形」（創作者靈魂和作品的連結），完美無瑕，我非常喜愛。

——美國「最佳書評部落格獎」得主 Linda's Book Bag

邁克‧肯納的攝影作品為文字增添光彩，成功地讓本書成為一部美麗的作品，這是一場視覺與文學的雙重饗宴。

——知名女性生活藝文部落客 Madam J-Mo

這本書以邁克‧肯納的攝影作品為配圖——我經常在打坐時，以他的一幅作品作為視覺冥想的想像畫面。

——履獲殊榮的女性生活網站 Annabel & Grace

這本輕薄短小、卻完美成形的書，完全觸發了我們所有的感官。首先，它的大小適中，可以舒適地拿在手裡，而美麗的封面更是吸引眼球……這本書既溫暖又平和，發人深省且具有啟發性，在這深陷困境的世界裡，它是一片真正的寧靜綠洲。

——美國著名說書部落客 Jaffa Reads Too

繁忙的世界中，我們只活在今天。這是一本很特別的書。

——國際書籍交換平台「跟隨書的腳蹤」（The Book Trail）

瑪麗・藤本　Mari Fujimoto

紐約城市大學皇后學院的日語研究主任，在這裡她教授日語、語言學和流行文化等各個方面的課程。她認為學習語言是理解一個文化的價值觀和信仰的第一步。
她出生於東京，八歲時首次來到美國，後來在皇后學院攻讀學士學位，並在紐約城市大學研究生中心攻讀語言學博士學位。現在和丈夫、心愛的雙胞胎孩子和兩隻狗住在紐約。

邁克・肯納　Michael Kenna

世界著名的風景攝影師之一。他的黑白攝影作品曾在國際間各畫廊和博物館展出，其中有許多被列入永久收藏，包括巴黎國家圖書館、東京大都會攝影博物館、華盛頓國家美術館，以及倫敦的維多利亞與亞伯特博物館，都收藏了他的作品。已經出版了六十多本攝影作品集和展覽目錄。

大衛‧布克勒　David Buchler

一位住在東京的南非藝術家，他的作品主要關注日本當代文化，創作跨越各種領域與媒材。他擁有美術碩士學位，並在他個人的部落格 Collecting Space 上累積了許多想法、照片和出版物，內容從 2009 年移居日本時就開始了。

松尾芭蕉（1644-1694）

以細膩簡單的詩句精準捕捉自然的情感，而被譽為日本俳句大師。本書中的俳句，英文內容是經由科丹莎美國公司（Kodansha USA, Inc.）許可而轉載的，摘自珍‧李歇爾（Jane Reichhold）所著《芭蕉俳句全集》（*Basho: The Complete Haiku*，2013 年由珍‧李歇爾出版）。

攝影作品清單

本書刊載的所有照片，都是從邁克・肯納的日本攝影集中精選。
請參考作者網站：www.michaelkenna.com，瞭解更多資訊。

p.3　　樹，習作 4，和琴，北海道。（Tree Portrait, Study 4, Wakoto, Hokkaido.）

p.9　　屈斜路湖，習作 5，北海道。（Kussharo Lake, Study 5, Hokkaido.）

p.12　　大殿，前神寺，愛媛，四國。（Mountain Temple, Maegamiji, Ehime, Shikoku.）

p.13　　笑佛，大豐神社，京都。（Laughing Buddhas, Otoyo Shrine, Kyoto.）

p.23　　寧靜清晨，阿瓦蒂島，四國。（Tranquil Morning, Awati Island, Shikoku.）

p.24　　梵音花園，蓮華定院，高野山。（Sanskrit Garden, Rengejo-in, Koyasan.）

p.32　　樹中鳥居，和琴，北海道。（Torii in Trees, Wakoto, Hokkaido.）

p.36　　岩砌碼頭，津田，四國。（Rocky Pier, Tsuda, Shikoku.）

p.39　　碼頭殘片，安曇川，本州。（Pier Fragments, Adogawa, Honshu.）

p.45　　地球岬之樹，室蘭，北海道。（Chikui Cape Trees, Muroran, Hokkaido.）

攝 影 作 品 清 單

p.46　秋葉，雲　寺，四國。（Autumn Leaves, Unpenji, Shikoku.）

p.49　硫磺山，夷王山，北海道。（Sulfer Mountain, Iozan, Hokkaido.）

p.50　倒樹，長濱，本州。（Falling Tree, Nagahama, Honshu.）

p.53　櫻花，奈良，本州。（Cherry Blossoms, Nara, Honshu.）

p.58　碼頭和中島，洞爺湖，北海道。（Pier and Nakashima Islands, Toya Lake, Hokkaido.）

p.61　多樺木川橋（タウシュベツ川橋梁），糠平，北海道。（Taushubetsu Bridge, Nukabira, Hokkaido.）

p.65　蝴蝶和牡丹，金剛峯寺，高野山。（Butterfly and Peonies, Kongobuji, Koyasan.）

p.66　佛像，京都，本州。（Buddha Statues, Kyoto, Honshu.）

p.73　奉納，根本大塔，壇上伽藍，高野山。（Donations, Daito Pagoda, Garan, Koyasan.）

p.75　降雪，沼川，北海道。（Snowfall, Numakawa, Hokkaido.）

p.76　鳥居，弁天岳，高野山。（Torii Gates, Bentendake, Koyasan.）

p.81　漁網和大山，八束，本州。（Fishing Nets and Mt. Daisen, Yatsuka, Honshu.）

p.83　冰凍的早晨，大沼湖，北海道。（Frosty Morning, Onuma Lake, Hokkaido.）

p.89　屈斜路湖，習作 11，北海道。（Kussharo Lake, Study 11, Hokkaido.）

p.90　森林地藏，雲　寺，香川，四國。（Forest Jizos, Unpenji, Kagawa, Shikoku.）

p.95　祝福手印，志度寺，香川，四國。（Mudra Blessing, Shidoji, Kagawa, Shikoku.）

p.101　三尊菩薩，恐山，本州。（Three Bodhisattva's, Osorezan, Honshu.）

p.102　地藏，恐山，本州。（Jizo, Osorezan, Honshu.）

p.106　水中殘柱，伊達，北海道。（Posts in Water, Date, Hokkaido.）

p.109　午後的雲，妙智寺，京都。（Afternoon Clouds, Myoshi Temple, Kyoto.）

關鍵詞索引

Amae · 甘え · 適當的依賴 p78

Dō · 道 · 內在提升的道路 p26, 62, 63, 103

Enryo · 遠慮 · 特別的猶豫狀態 p93
Ensō · 円相 · 禪意之圓 p25, 56

Fukinsei · 不均斉 · 不平衡之美 p27

Gaman · 我慢 · 耐心與堅毅 p94
Go-on · ご恩 · 感恩之情 p105

Hanami · 花見 · 觀賞盛開的櫻花 p52
Hansei · 反省 · 自省而不自責 p82
Hatsu · 初 · 萬物之始 p88
Heiwa · 平和 · 人與人之間的和諧 p21
Hotoke · 仏 · 懷念亡者 p108

Ichigo ichie · 一期一会 · 一生一次的相會 p88
Ikebana · 生け花 · 心的花藝 p26, 27

Ikigai · 生き甲斐 · 生存的核心價值 ⋯⋯⋯⋯⋯⋯⋯⋯⋯⋯⋯⋯⋯⋯ p59

Isagiyosa · 潔さ · 無私無我 ⋯⋯⋯⋯⋯⋯⋯⋯⋯⋯⋯⋯⋯⋯⋯⋯⋯⋯ p80

Kaizen · 改善 · 持續的演進 ⋯⋯⋯⋯⋯⋯⋯⋯⋯⋯⋯⋯⋯⋯⋯⋯⋯⋯ p60

Kanso · 簡素 · 簡樸的價值 ⋯⋯⋯⋯⋯⋯⋯⋯⋯⋯⋯⋯⋯⋯⋯⋯ p35, 38

Katachi · 形 · 形式的感受性 ⋯⋯⋯⋯⋯⋯⋯⋯⋯⋯⋯⋯⋯⋯⋯⋯⋯⋯ p64

Kodawari · 拘り · 嚴謹而講究 ⋯⋯⋯⋯⋯⋯⋯⋯⋯⋯⋯⋯⋯⋯⋯⋯⋯ p67

Kotodama · 言霊 · 靈性力量的問候語 ⋯⋯⋯⋯⋯⋯⋯⋯⋯⋯⋯⋯⋯⋯ p77

Misogi · 禊 · 心靈的沐浴 ⋯⋯⋯⋯⋯⋯⋯⋯⋯⋯⋯⋯⋯⋯⋯⋯⋯⋯⋯⋯ p48

Mono-no aware · 物の哀れ · 自然無常之美 ⋯⋯⋯⋯⋯⋯⋯⋯⋯ p51, 52

Mottainai · 勿体無い · 不浪費 ⋯⋯⋯⋯⋯⋯⋯⋯⋯⋯⋯⋯⋯⋯⋯⋯ p107

Mugon-no gyō · 無言の行 · 靜默的好處 ⋯⋯⋯⋯⋯⋯⋯⋯⋯⋯⋯⋯ p92

Reigi sahō · 礼儀作法 · 表示尊重的言行舉止 ⋯⋯⋯⋯⋯⋯⋯⋯⋯ p103

Seishin-shūyō · 精神修養 · 自我開發與修正 ⋯⋯⋯⋯⋯⋯⋯ p62, 100

Sensei · 先生 · 尊敬師長 ⋯⋯⋯⋯⋯⋯⋯⋯⋯⋯⋯⋯⋯⋯⋯⋯ p104, 105

Shibui · 渋い · 歲月洗練的美 ⋯⋯⋯⋯⋯⋯⋯⋯⋯⋯⋯⋯⋯⋯⋯⋯⋯ p37

Shinrinyoku・森林浴・沉浸於森林氛圍中 —————————— p47

Shizen・自然・大自然的力量 ————————————————— p44

Shōganai・仕様がない・接受無法改變的事 ——————————— p74

Sunao・素直・正直的心念 ————————————————— p74

Takumi・匠・工藝師 ——————————————————— p 64

Teinei・丁寧・禮貌性的謹慎 ———————————————— p100

Uchi・內・你的自己人 —————————————————— p79

Utsukushii・美しい・綺麗啟發的深刻感受 ————————— p34

Wa・和・和諧的基本樣貌 ————————————————— p20, 21

Wabi sabi・侘寂・不完美之美 ——————————————— p33

Wakei-seijyaku・和敬清寂・創造寧靜時刻 ————————— p22

Yūgen・幽玄・珍視隱晦的奧祕 —————————————— p35

Zazen・坐禅・冥想靜坐 ————————————————— p91

Zōtō・贈答・禮物 ———————————————————— p72

致 謝

我要感謝霍夫斯特拉大學（Hofstra University）日本與比較文學教授派翠夏‧韋爾奇
（Patricia Welch）博士在本書提案初期給予我許多建議。
感謝大衛‧布克勒，他在本書裡留下對於日語、美和文化的深刻洞見；感謝邁克‧肯納
允許我們採用他美麗的照片，作為我寫的《生き甲斐》這本書的配圖；感謝埃爾溫街製
作（Elwin Street Productions）的團隊成員，從本書提案的開始到完成都在構思設計上給予
許多支援。

—— 瑪麗‧藤本

感謝我在日本和南非的朋友和家人，特別是我妹妹路易絲，總是不斷激勵我寫作；感謝
光一（Koichi），總是鼓勵我創作並提醒我要堅強；感謝東京，總是那麼令人感到驚奇，
每天都會讓我發現一些新的事物。

—— 大衛‧布克勒

國家圖書館出版品預行編目資料

生き甲斐：在當下，發現美與不美 / 瑪麗‧藤本文字；邁克‧肯納攝影
.-- 初版. -- 臺北市：啟示出版：家庭傳媒城邦分公司發行, 2020.11
面；　公分. -- (SKY系列；9)
譯自：Ikigai & other Japanese words to live by.
ISBN 978-986-99286-2-5(平裝)

1.人生哲學　2.日本美學　3.生活態度

191.9　　　　　　　　　　　　　　　　　　109014766

SKY 系列009

生き甲斐：在當下，發現美與不美

作　　　者／瑪麗‧藤本（Mari Fujimoto）、邁克‧肯納（Michael Kenna）
譯　　　者／尤可欣
企畫選書人／彭之琬
總　編　輯／彭之琬
責任編輯／李詠璇

版　　　權／黃淑敏、邱珮芸
行銷業務／周佑潔、賴晏汝、華華
總　經　理／彭之琬
事業群總經理／黃淑貞
發　行　人／何飛鵬
法律顧問／元禾法律事務所王子文律師
出　　　版／商周出版
　　　　　　台北市104民生東路二段141號9樓
　　　　　　電話：(02) 25007008　傳真：(02)25007759
　　　　　　blog: http://bwp25007008.pixnet.net/blog
　　　　　　E-mail：bwp.service@cite.com.tw
發　　　行／英屬蓋曼群島商家庭傳媒股份有限公司城邦分公司
　　　　　　台北市中山區民生東路二段141號2樓
　　　　　　書虫客服服務專線：02-25007718；25007719
　　　　　　24小時傳真專線：02-25001990；25001991
　　　　　　服務時間：週一至週五上午09:30-12:00；下午13:30-17:00
　　　　　　劃撥帳號：19863813；戶名：書虫股份有限公司
　　　　　　讀者服務信箱：service@readingclub.com.tw
　　　　　　城邦讀書花園 www.cite.com.tw
香港發行所／城邦（香港）出版集團
　　　　　　香港灣仔駱克道193號東超商業中心1樓＿E-mail : hkcite@biznetvigator.com
　　　　　　電話：(852) 25086231　傳真：(852) 25789337
馬新發行所／城邦（馬新）出版集團【Cite (M) Sdn Bhd】
　　　　　　41, Jalan Radin Anum, Bandar Baru Sri Petaling, 57000 Kuala Lumpur, Malaysia.
　　　　　　電話：(603) 90578822　傳真：(603) 90576622

封面設計／李東記
內頁排版／林曉涵
印　　　刷／韋懋印刷事業有限公司

■ 2020 年 11 月 5 日初版一刷　　　　　　　　　　　　　　　　　　Printed in Taiwan
定價 330 元

Conceived and produced by Elwin Street Productions Limited
Copyright Elwin Street Productions Limited 2019
14 Clerkenwell Green
London EC1R 0DP
www.elwinstreet.com
This edition arranged with ELWIN STREET LIMITED through Big Apple Agency, Inc., Labuan, Malaysia.
Traditional Chinese edition copyright:2020 APOCALYPSE PRESS, A DIVISION OF CITE PUBLISHING LTD.